Félix Vidalin

L'Agriculture et la vie rurale en Italie

Essai

Table de Matières

INTRODUCTION 6

I. — HAUTE-ITALIE. — IRRIGATIONS, CULTURE PASTORALE. 12

II. — ITALIE CENTRALE. — CULTURE INDUSTRIELLE. 20

III. — ITALIE MÉRIDIONALE. — CULTURE FRUITIÈRE. — MACHINES AGRICOLES. 29

INTRODUCTION

On a beaucoup voyagé au-delà des Alpes, on a encore plus écrit sur la population, les villes et les monuments de l'Italie; mais on s'est assez peu occupé du parti que les Italiens tiraient de leur campagne, de leur climat si vanté. Cependant l'Italie peut fournir plus d'un enseignement utile à notre culture. Les questions agricoles ont acquis en France une importance de plus en plus considérable. La classe rurale, améliorée par l'instruction, y trouve un attrait naturel. Les ouvriers des villes, pour qui la dépense alimentaire est une question d'être ou de n'être pas, portent à l'agriculture une sollicitude pleine d'anxiétés. Les classes élevées, dont la fortune est généralement territoriale, quittent peu à peu leur rôle de propriétaires honoraires. Enfin il n'est pas jusqu'aux possesseurs de valeurs mobilières qui n'aient appris par l'excès des calamités combien les mauvaises récoltes et la détresse agricole sont désastreuses pour la conservation et la paisible jouissance de leurs rentes. C'est à un public assez nombreux, on le voit, que peuvent s'adresser quelques aperçus, quelques souvenirs sur une terre justement célèbre, et où l'agriculture offre le singulier contraste des perfectionnements les plus remarquables et des procédés les plus primitifs.

La péninsule italienne, y compris la Sicile, n'est en quelque sorte qu'une ramification des Alpes, qu'un soulèvement secondaire normal au soulèvement général qui parcourt l'Europe du sud-ouest au nord-est. Cette ramification, la seule qui soit étroitement resserrée entre deux mers, est volcanique par excellence; aussi abonde-t-elle en produits minéraux, tels que le soufre, le borax, l'alun, les dépôts vastes et utiles de pouzzolane. Les cendres volcaniques, stériles d'abord, se vivifient sous l'action de l'air et des eaux, et deviennent merveilleusement favorables à la végétation, qui y puise en abondance des sels alcalins. Le paysage même se trouve embelli par ces nombreux lacs qui tiennent au sommet des montagnes la place de cratères éteints. En d'autres points, les eaux ont abandonné les cônes à moitié démantelés, mais en laissant derrière elles un amphithéâtre tapissé de verdure et de végétation.

C'est à sa position péninsulaire et à son arête montagneuse que l'Italie doit son climat doux et salubre, sauf dans quelques parties basses et marécageuses. Ce climat est remarquablement plus tempéré que celui des autres régions d'Europe qui ont la même latitude moyenne, grâce à l'influence de la mer, qui s'échauffe moins en été et se refroidit moins en hiver que la terre. Les montagnes, qui en hiver abritent l'Italie contre les vents du nord, conservent fort tard leurs neiges en été, et entretiennent ainsi des cours d'eau qui vont rafraîchir la plaine; elles arrêtent de plus les nuages chassés de l'océan, et rendent ainsi les pluies d'orage heureusement fréquentes. Dans les écoles où l'on enseigne que nos chaînes de montagnes ne sont que de mesquines rugosités de la terre, à peine comparables aux aspérités d'une peau d'orange, on ne leur rend pas réellement la justice qui leur est due. Il est évident que si elles n'existaient pas, si les continents étaient unis comme les mers, la température et la végétation de notre globe seraient bien changées. Notre hémisphère serait sans cesse balayé, l'hiver par les vents du nord furieux et glacés, l'été par les vents brûlants du sud; aux moments de transition, leur lutte amènerait des ouragans aussi terribles que ceux qui désolent l'Océan-Pacifique, Dans ces conditions, la grande végétation disparaîtrait; la nature conserverait à peine quelques arbustes et quelques plantes vivaces. On sait quel aspect de désolation présentent les plaines de la Russie; que serait-ce si tous les continents étaient dépouillés de ces bienfaisantes aspérités!

Certes, s'il s'est trouvé un pays destiné à être uni politiquement, c'est cette péninsule tout entourée de mers ou de montagnes; pourtant il n'en est rien. Les richesses naturelles de cette terre y ont attiré en tout temps des bandes étrangères qui, occupant le sud, le centre ou le nord, ont entretenu les haines, les rivalités entre les petits états italiens, et ont de la sorte détruit toute nationalité. En attendant une unité politique possible peut-être, mais certes lointaine, l'union, la confédération commerciale de tous ces états serait du moins aussi praticable qu'avantageuse. La législation douanière lèse le plus souvent les productions et les industries les plus convenables à ce pays au profit d'autres qui ne tirent aucun parti de leurs avantages. Appliqués à de grands états, ses effets sont funestes; que doit-il en être lorsqu'il s'agit de provinces peu étendues, dont les frontières rapprochées gênent le mouvement commercial, et opposent entre la production et la consommation de nuisibles barrières! C'est l'abolition de tous ces obstacles, c'est la réforme et l'accord des diverses législations commerciales qu'il faut souhaiter à l'Italie à défaut de tout autre bonheur.

Avant de parler de la culture, je crois devoir dire quelques mots des cultivateurs. Lorsque l'on voyage en Italie, ce qui frappe d'abord, c'est la rareté des habitants de la campagne et l'agglomération des populations dans de nombreuses petites villes de huit ou dix mille âmes en moyenne. Les Italiens aiment peu la campagne. Pour eux, l'existence n'est possible qu'à l'ombre des murs d'octroi; ils tiennent, disent-ils, ces mœurs des Romains, leurs pères. En Italie, on *villégie* beaucoup moins pour se soustraire aux chaleurs de l'été, accablantes dans les villes, que pour obéir à une mode que l'on subit sans trop s'en rendre compte. Le changement de lieux n'amène pas un changement bien radical d'habitudes; le temps se passe, à la campagne comme à la ville, entre le sommeil et l'ennui. Pendant le jour, on fait la sieste; le soir, on prend le frais dans un bosquet d'orangers ou de grenadiers; puis on se réunit dans une grande chambre sans meubles pour y jouer aux cartes, ou entretenir à grand'peine une languissante conversation. La société anglaise contraste avec le monde italien par son amour pour la campagne. Du reste, il faut le reconnaître, les circonstances ne sont les mêmes sous aucun rapport. C'est moins les intérêts de la gestion qu'une certaine importance politique ou administrative qui attire les grands propriétaires sur leurs terres, soit en France, soit en Angleterre. Les grands propriétaires italiens au contraire, réduits dans les villes à une importance politique et militaire plus que médiocre, se retrouvent sur leurs terres condamnés à la même nullité d'influence. Le carillon du couvent se fait partout mieux entendre que la clochette du château, quelque haut que soit le clocheton. Les rôles pourront changer néanmoins dès que l'aristocratie territoriale italienne, rompant avec le passé, s'occupera de l'amélioration de ses domaines et de ses colons, dès qu'elle supprimera l'intermédiaire détestable des intendants, qui ne songent qu'à épuiser le colon, et par suite le forcent à épuiser la terre, de sorte que c'est à qui tuera la poule aux œufs d'or.

La campagne, qui en Italie est sans attraits pour les propriétaires, se trouve naturellement fort peu prisée par les gens de la ville, qui n'y trouvent aucun intérêt. Leurs dédains ne s'arrêtent pas à la terre, ils atteignent injustement ceux qui la cultivent. Dans les sociétés anciennes, le travail des esclaves entretenait presque sans frais la classe libre, qui pouvait dès lors vivre sans préoccupation ; dans les sociétés modernes, tout se paie fort cher et tend à se payer plus cher encore. Cette tendance, qui n'est alarmante que pour les gens qui ne veulent rien faire, et dont par suite personne n'osera se plaindre, élargira forcément le domaine du travail. On regarde à tort le peuple italien comme incapable de satisfaire à ces exigences nouvelles. On nous le montre intelligent, mais oisif, adorant par-dessus tout le soleil et le repos, peu préoccupé des moyens de vivre et souvent misérable ; cette opinion est inexacte en plus d'un point. C'est qu'à l'idée d'Italien jaillit immédiatement à l'esprit le mot de *lazzarone*, cette création de roman à laquelle il ne faut pas croire. Parcourez les rues de Naples : à part une nuée de mendiants insupportables, vous voyez partout une population ouvrière active et laborieuse ; dans le port, ce sont des portefaix lestes et vigoureux ; dans les boutiques, des serruriers, des menuisiers, des fabricants de pâte pétrissant la farine, le corps demi-nu et ruisselant de sueur. Aux portes des maisons, des femmes font des broderies ou des tissus. Vous rencontrez, il est vrai sur la plage, des pêcheurs qui dorment dans leur bateau, abrités sous leur voile ; mais ils ont toute la nuit travaillé du travail dur et périlleux de la pêche. Si, après de vaines recherches, vous profilez de la rencontre d'un frère quêteur qui vous aborde le sourire sur les lèvres, la tabatière d'une main, l'escarcelle de l'autre, pour lui demander de vous montrer un lazzarone, le frère prendra cette simple question pour une personnalité offensante, une raillerie de mauvais ton, et vous tournera les talons, emportant votre aumône.

Les ouvriers italiens sont, relativement à leur climat et à leurs besoins, fort actifs et peu disposés à perdre leur temps, malgré le nombre incommensurable de fêtes chômées. Que de fois, à travers les volets fermés de la boutique, j'ai entendu le bruit de l'outil se cachant pour travailler ! que de fois j'ai vu les jardiniers arroser subrepticement leurs laitues et leurs tomates en dépit de quelque saint du voisinage ! Ces fêtes incessantes, aussi funestes à la prospérité qu'à la moralité des populations, sont l'abus d'une institution sacrée, celle du dimanche. Un jour de repos par semaine est indispensable pour la santé et pour l'instruction des classes ouvrières; il est la première condition de la dignité de ces classes qui demandent leur pain au travail de leurs bras.

Tout en reconnaissant que les populations ouvrières italiennes sont plus actives qu'on ne se l'imagine, il ne faut pas étendre cet éloge aux Romains. Ce n'est pas impunément qu'une population a été durant des siècles nourrie et amusée gratis, entretenue par les dépouilles opimes des pays conquis. La dignité, l'énergie se conservent mal sous un pareil régime. Les temps, mais non les habitants, sont bien changés depuis l'époque des césars, et si le citoyen de l'une des sept collines n'est pas devenu un plus ardent travailleur, il a du moins conservé quelque chose de la fierté des anciens maîtres du monde. Contemplant avec résignation les ravages exercés par le temps et les hommes sur ses monuments, il semble oublier les ravages non moins cruels que la longueur du jour fait subir à son estomac. Dans les campagnes, les cultivateurs ne sont pas non plus très actifs; pâtres pour la plupart, ils ont fort peu le goût des travaux de la terre, dont les plus rudes sont exécutés par des ouvriers émigrants venus de la montagne.

Sur tout le littoral, vers lequel du reste la population se porte en masse, les hommes travaillent à la mer : ils sont pêcheurs, chercheurs de corail, matelots caboteurs ou marins au service des autres pays; ils partent en laissant les soins de la terre à leurs femmes, qui s'en acquittent bravement. Ce sont elles qui piochent, labourent, sèment le grain, le récoltent et le battent; d'autres extraient la pierre des carrières, font des terrassements de chemins de fer : elles opèrent ces transports de terre ou de pierre dans de petites corbeilles qu'elles portent sur la tête. Aussi ces femmes sont-elles maigres, nerveuses et brûlées par le soleil. Leur existence laborieuse est semblable en plus d'un point à celle des femmes arabes.

Il y aurait une intéressante comparaison à faire entre les salaires agricoles en France et en Italie; mais dans ce dernier pays les exploitations sont généralement réduites au labeur d'une famille, et lorsque les bras du mari et de la femme, aidés des enfans, ne peuvent pas suffire à la terre, la terre se passe de travail. Ajoutez à cela que les grands propriétaires font rarement exécuter des travaux d'amélioration, et vous comprendrez que les ouvriers salariés doivent être peu nombreux. Cependant il existe périodiquement des émigrations de montagnards des Abruzzes, qui se rendent dans la plaine du Tibre, où on les emploie comme faucheurs et moissonneurs. Ces émigrants habitent durant l'été les huttes de chaume qui entourent la plupart des petites villes des États-Romains. Ils descendent de la montagne sous la conduite d'un embaucheur, qu'ils appellent leur caporal. Le caporal prélève, bien entendu, sur le prix de leur travail une vraie part de sergent. Il joint du reste à ses fonctions de chef celles de musicien : c'est au son de la cornemuse que l'herbe se couche et que l'épi tombe sous la faux. Nos faucheurs *dilettanti* reçoivent, outre la musique, 2 paoli par jour, soit 1 fr. 20 c. environ. Durant les quatre ou cinq mois de grands travaux, ils se nourrissent presque exclusivement de pain de froment de bonne qualité, qu'ils parfument avec une tranche d'ail ou d'oignon; au prix moyen du pain, cette nourriture est estimée de 50 à 60 centimes par jour. Une nourriture plus variée, dans laquelle entreraient les légumes, le bouillon chaud, serait plus hygiénique et peut-être moins coûteuse.

Dans les états du sud de l'Italie et dans la Sicile, les aliments chauds ne sont qu'une exception. Les légumes crus et sans assaisonnement tels que les concombres, les racines, les herbages, les fruits tels que la cerise, la pêche, les figues, les figues d'Inde, le raisin, les melons, forment la nourriture fondamentale de la population. Aussi les cuisines semblent-elles complètement oubliées dans l'architecture italienne. Expulsé des maisons, l'art culinaire s'est réfugié dans les carrefours. C'est là que, sous un auvent, cuisent dans des chaudrons supportés par trois pierres les légumes, les pâtes, les viandes. De ces poêles où frit le poisson s'exhalent d'épais parfums, que la foule aspire avec délices. Dans les pays chauds, où une partie de la nourriture n'est pas dépensée pour réparer les pertes de chaleur, les habitants sont naturellement portés à la sobriété, et préfèrent l'usage des légumes et des fruits, en un mot des aliments rafraîchissants; mais dans ces pays mêmes les aliments chauds, indispensables dans les régions froides, n'en conservent pas moins leur supériorité substantielle et hygiénique. Au lieu de pastèques et d'eau glacée, les Arabes font un grand usage de café, et s'en trouvent fort bien; dans les parties torrides de l'Amérique, c'est avec des boissons chaudes que l'on combat la chaleur.

Le pain, qui en général est en Italie une consommation de luxe, se distingue par la bonne qualité du froment, attendu que toutes les terres, favorisées par le climat, conviennent à cette production. En France, l'orge et l'avoine ont disparu presque partout de la manne à pétrir, excepté dans la courte période qui sépare la récolte hâtive de l'orge de celle du froment; mais le seigle, dont le pain est débilitant et peu substantiel, se trouve encore exclusivement en usage dans les pays les moins fertiles. Il en sera longtemps de la sorte; il faudra bien des capitaux employés en améliorations pour élever certaines terres à la culture du froment. La consommation du maïs est considérable dans l'Italie du nord comme dans le midi de la France; on le prépare à l'état de bouillie (polenta) avec l'eau et le sel pour tout assaisonnement. A part la Lombardie et les États-Romains, les laitages, vu la rareté du bétail, entrent fort peu dans la nourriture générale, qui est des plus simples. Cependant la culture, mieux aménagée, pourrait augmenter facilement le nombre et la qualité des animaux domestiques. La frugalité n'est pas du reste l'apanage exclusif des ouvriers et clés paysans en Italie; elle est aussi pratiquée comme vertu cardinale dans les classes élevées. Epuisées faute d'occupations lucratives, ne se conservant même plus par le droit d'aînesse, les grandes fortunes ne peuvent soutenir à l'extérieur un éclat illusoire qu'au prix de l'économie intérieure la plus âpre. L'amour-propre déplacé, la vanité chez les uns, une fausse honte chez les autres, ont interverti au détriment de la dignité humaine les rôles du nécessaire et du superflu.

I. — HAUTE-ITALIE. — IRRIGATIONS, CULTURE PASTORALE.

Lorsque l'on entre en Italie par la route de la Corniche, on trouve une nature qui serait aride et sèche, avec ses oliviers, ses amandiers, ses quelques palmiers, sans la verdure des orangers et des citronniers. La Provence prépare du reste le voyageur à cette teinte grise, à cette robe fanée par la poussière, brûlée par le soleil. Quelques parties au contraire, abritées contre les vents, rafraîchies par les brises de la mer, offrent l'aspect d'un printemps perpétuel. Dans ces lieux pourtant, où tout respire la joie, la santé, le bonheur, on ne voit que de pâles visages, des existences débiles et maladives, qui fuient devant la mort, et qui espèrent se faire oublier par elle. La Corniche cesse à Gênes ; on peut en ce point traverser les Apennins en chemin de fer par le col de la Bocchetta, qui débouche sur le versant sud du bassin du Pô. L'aspect change alors : au lieu de la mer encadrée entre des montagnes sèches et nues, on a devant soi une vaste plaine toute verte, entourée par les Alpes majestueusement couvertes de neige. Cette plaine, où tant de fois la cause de l'Italie a été mise enjeu, où abondent pour nous tant de glorieux et tristes souvenirs, cette plaine est aussi un des théâtres où l'homme, dans un de ses moments de paix et de raison, entre deux batailles, a su le mieux mettre à profit les facultés dont il est doué pour assurer son bien-être, tout en laissant un pas immense entre les progrès opérés dans l'art de se détruire et ceux que nous offre la science de se conserver.

Les deux rives du Pô présentent des caractères assez différents. La rive gauche est la plus riche; les affluents du versant nord, nourris l'hiver par les pluies, l'été par la fonte des neiges, ont un cours dont la régularité est encore assurée par des lacs qui forment des réservoirs à la fois modérateurs et alimentaires. Les affluents du versant sud, d'un parcours moins long, descendent des Apennins, qui leur fournissent moins d'eau en été; de plus, privés de lacs, ils présentent tous le caractère torrentiel, un vaste lit irrégulier, au milieu duquel serpente le plus souvent un léger filet d'eau qui se perd entre les galets. Les pluies sont rares dans cette partie des Apennins, mais elles y sont fort violentes. Une cause contribue encore à rendre l'écoulement des eaux rapide et soudain : c'est l'absence de couches perméables de sable ou de craie dans ce bassin, composé de terrains qui sont fort peu poreux. Les inondations, qui nous ont si durement atteints en France, sont actuellement, dans beaucoup de pays, l'objet d'éludés sérieusement et méthodiquement conduites. Pour attaquer de tels travaux avec succès, il ne faut pas seulement de grandes ressources, un grand savoir; il faut aussi une centralisation qui n'existe que depuis peu de temps.

Tant que l'homme n'a pu ou n'a su modérer ces débordements et les gouverner, il devait se contenter de tenir son habitation haute et solide, en se disant que ces petits excès de la nature devaient bien avoir leur raison d'être, que les perturbations étaient souvent

I. — HAUTE-ITALIE. — IRRIGATIONS, CULTURE PASTORALE.

nécessaires pour assurer un ordre plus régulier. Lui fallait-il donc une expérience de quarante siècles pour s'apercevoir que les plaines étaient destinées à s'exhausser au détriment des montagnes, à se nourrir de leur chair et de leur sang, que les cours d'eau, les inondations surtout, étaient l'agent de cette loi, aussi vraie, aussi immuable que celle de la gravité, dont elle est du reste un corollaire? Vouloir arrêter par des digues infranchissables ces utiles débordements, sans lesquels nos plaines les plus fertiles ne seraient que des plages inondées par la mer ou de stériles surfaces de sable et de galets, n'était-ce pas entreprendre contre les lois de la nature une lutte inégale, insensée? Elles existaient avant l'intervention de l'homme, ces inondations que l'on voudrait faire dater d'hier, en les attribuant aux déboisements. Or les observations que l'on a pu réunir ont constaté les faits suivants : en déboisant un terrain, on augmente sans doute la quantité de pluie qui y tombe chaque année; mais, en le livrant à la culture, on augmente la perméabilité du terrain. De ces deux effets, le second l'emporte sur le premier; par suite, il s'écoule superficiellement une moindre quantité d'eau sur les terrains après le déboisement. Il est entendu qu'il ne s'agit pas de terrains d'une pente excessive, ceux-là même ne sont du reste protégés par le boisement que d'une façon fort imparfaite.

Quelque bien boisés donc qu'aient été des pays en pente, les eaux s'y sont de tout temps écoulées fort rapidement, entraînant des terres, des cailloux, des pierres d'un volume proportionné à leur vitesse. Seulement, en arrivant dans la plaine, ces eaux n'étaient pas autrefois emprisonnées dans des digues; elles s'étalaient à leur aise, se calmaient et déposaient leurs apports sans occasionner de grands ravages; elles pouvaient bien abandonner çà et là des dépôts stériles de galets, sauf à les recouvrir de limon par la suite. Voilà ce qui devait se passer avant tout travail humain. A mesure que l'espèce humaine s'accrut, on comprend avec quel empressement les populations durent se porter le long des rivières, attirées par la fertilité des rives et la facilité de la navigation. Sans grande prévoyance, les premières huttes furent bâties sur les bords mêmes, puis changées en maisons, et agglomérées çà et là en villes. Pour s'opposer au ravage des eaux, les habitants obéirent à leur premier instinct, qui les trompa; ils s'efforcèrent de prévenir l'inondation en maintenant le fleuve. Or les forces de la nature, qu'elles paraissent bonnes ou mauvaises, sont toutes dirigées vers un but unique, le bien de l'homme : il peut les gouverner, les rendre obéissantes, mais il ne parviendra jamais à les anéantir. Franklin lui-même a déchargé le nuage électrique, mais il n'a pas détruit la foudre. Pour prévenir l'inondation, les riverains ont construit des digues, sauf à rejeter les eaux sur leurs voisins, sauf à voir le fleuve élever son lit à mesure que les digues s'élevaient, puis les rompre au moment critique et s'élancer dans la plaine, en répandant sur son passage la ruine et la mort. Les inondations sont par notre inexpérience devenues un fléau terrible. Quant aux digues insubmersibles, aux chaussées de voie publique qui séparent le fleuve de sa plaine, ces travaux d'art sont d'affligeants monuments d'imprévoyance légués aux générations futures.

Le véritable danger des crues, c'est la force vive et non le volume des eaux. Quelques centimètres d'eau, soit même un mètre, ne mettront jamais les populations en péril de mort, surtout lorsque les eaux monteront lentement. Pour amortir cette force vive, il faut, autant que possible, diminuer par des barrages la vitesse et la puissance des affluons torrentiels; ces barrages remplaceront la pente trop rapide du lit par une série de paliers presque horizontaux qui retiendront les galets et les gros matériaux. Lorsque de semblables travaux seront exécutés dans le bassin supérieur d'un fleuve, il est probable que son bassin inférieur sera beaucoup moins exposé aux inondations. Quant au cours même du fleuve, il serait utile de régulariser et de dresser son lit, de le rétrécir même en plusieurs points par des digues submersibles, ne dépassant jamais la hauteur des rives, forçant les eaux basses à creuser le chenal, mais permettant aux crues de se répandre et de déposer leur limon. L'agriculture et la navigation y gagneront. Ces travaux favoriseront les irrigations, pour lesquelles on s'est depuis quelque temps pris d'un bel enthousiasme; on a vu par elles la face de la terre changée, les inondations supprimées, la production partout doublée, l'abondance assurée. Les irrigations cependant ne sont pas une panacée universelle, elles demandent leur temps et leurs lieux; hors des climats chauds, elles ne conviennent qu'aux prairies. Dans tous les cas les irrigations exigent, faute d'eaux riches en limons, des engrais abondants dont elles exaltent les bons effets, ou tout au moins elles veulent des terrains naturellement fertiles : arroser un terrain maigre et sablonneux avec de l'eau claire, ou traiter un homme par un régime équivalent, c'est tout un. On vante beaucoup les irrigations de la Lombardie, on cite à tout propos sa merveilleuse fertilité; mais ce qu'on oublie de mentionner, ce sont les masses considérables d'engrais fournis aux prairies, engrais que les eaux rendent plus actifs et plus prompts. Ces irrigations lombardes sont remarquables par leur étendue, par leur ancienneté, par le bon aménagement des eaux, surtout par le régulateur adapté à chaque prise. Sous ce rapport, nos canaux d'irrigation se trouvent dans un état vraiment barbare.

Le territoire de Lodi est le plus fertile et le plus riche dans ce riche et fertile pays. C'est là que de nombreuses vaches de race suisse, nourries à l'étable, donnent ce lait abondant qui est employé pour la fabrication de ces fromages improprement nommés *parmesans*. On estime à cent mille environ les vaches nourries dans le Milanais, à 20 millions de kilogrammes le fromage produit, représentant une valeur de 35 à 40 millions de fr. Est-il au monde une industrie qui soit aussi productive pour son pays que cette simple fabrication de fromages l'est pour la Lombardie?

Il existe en Piémont comme en Lombardie une culture tristement lucrative, celle du riz; les rizières doivent être des terrains submersibles, par suite bas et bien nivelés. Après une première préparation, la terre est inondée vers le mois d'avril pour recevoir la semence, que recouvre une simple poutre promenée par un cheval dans la vase; l'eau est ensuite écoulée pour favoriser la germination, puis le champ inondé de nouveau jusqu'à la floraison. Cette céréale se développe donc dans une vase semi-fluide dont les émanations, vers les mois d'août et de juillet, sont des plus délétères pour les ouvriers, principalement pour les femmes qui se livrent au sarclage. Ce travail doit être classé parmi les plus insalubres; il est heureusement le seul qu'on puisse ainsi qualifier parmi les travaux agricoles. Suivant les rapports des missionnaires, en Chine, où les rizières sont fort répandues, les ouvriers, grâce à des soins hygiéniques, à un usage abondant de thé excessivement chaud, échapperaient en partie à ces fièvres, qui sévissent cruellement sur les laboureurs italiens. La culture du riz est soumise à de nombreux règlements restrictifs; il serait à souhaiter de les voir encore plus sévères. Puisse-t-elle se réduire le plus possible et même disparaître de l'assolement! Il faut attendre cet heureux changement des facilités avec lesquelles la marine approvisionnera l'Europe, lorsqu'une route plus directe aura été ouverte entre la Méditerranée et la mer des Indes. Les basses terres du reste ne sont pas en rizières d'une façon continue. Soumises aussi à la culture du froment, du lin, du maïs, elles sont tous les quatre ou cinq ans abandonnées à la végétation spontanée d'herbages et transformées en prairies pour le même laps de temps. Ce mode de culture, alternativement arable et pastorale, est le plus rationnel et le plus productif; bien que le sol et le climat ne lui soient pas aussi propices en France qu'en Lombardie, cet assolement améliorant et économique serait applicable chez nous avec un très grand succès dans le nord et dans le centre, et surtout dans les parties irriguées du midi : ceci demande quelques explications.

Avec le régime essentiellement arable et épuisant adopté généralement en France, on donne la plus grande extension possible à la culture des plantes nourricières de l'homme, et l'on restreint celle des plantes fourragères. C'est dans ces conditions que le rendement moyen d'un hectare en froment est de 10 à 12 hectolitres, tandis que dans les régions de la France qui sont naturellement plus fertiles, qui entretiennent un bétail plus nombreux, ou qui achètent des engrais étrangers à la ferme, le rendement peut atteindre 25 et 30 hectolitres, et même dépasser ce chiffre dans quelques terres privilégiées. Cette disproportion prouve bien que la récolte dépend encore plus de la qualité de la terre que de la quantité ensemencée.

De toutes les industries, l'agriculture est la moins riche en données économiques, en résultats, en chiffres, parce qu'il n'en est pas où une telle appréciation soit plus difficile. Néanmoins il est aujourd'hui bien constaté que le rendement en froment doit se tenir entre 18 et 20 hectolitres par hectare pour que l'exploitant opère dans de bonnes conditions, c'est-à-dire pour que, les mille et une dépenses d'exploitation défalquées du revenu brut, il reste un revenu net qui compense les risques courus, l'intelligence et l'activité déployées par le chef d'exploitation, propriétaire ou fermier. Cependant le rendement peut en quelques circonstances baisser jusqu'à 15 hectolitres, et le cultivateur retirer encore un certain revenu net à force d'ordre, d'activité et d'économie, ces trois vertus cardinales de la ferme ; mais au-dessous de 15, le revenu net se réduit rapidement, il devient nul pour 12 hectolitres, et négatif pour un rendement inférieur. Il est donc avéré qu'en France, dans les conditions actuelles, la plus grande partie des cultivateurs (et c'est encore la moins infortunée) se trouve réduite à un revenu net presque nul ou infiniment petit. Toute cette classe de cultivateurs vit, il est vrai, mais elle ne retire aucune rétribution pour les trois cents jours de travail fournis chaque année par chaque individu. Lorsque le rendement descend à 8 et tombe même à 7 ou 6 hectolitres, non-seulement le travail n'est plus payé, mais encore le cultivateur n'arrive à la moisson suivante qu'avec des prodiges d'abstinence et d'économie.

Ces exploitations, dans lesquelles le temps des travailleurs n'est nullement rétribué, ne sont donc possibles (je dis possibles faute d'autre mot) qu'à la condition de n'employer que les bras gratuits de la famille. La terre ne payant pas au-delà de sa rente et de la nourriture des ouvriers, le cultivateur, s'il voulait s'adjoindre des bras salariés, passerait rapidement d'un état de grande gêne à une ruine complète.

Du moment qu'un cultivateur est en perte, ou seulement que son travail et celui des siens n'est pas rétribué, son intérêt bien évident est de réduire la surface travaillée et de la réduire d'autant plus que le rendement est plus éloigné d'un revenu net quelconque, jusqu'à ce que la dose d'engrais dont il dispose puisse porter la fraction ensemencée à ce rendement désiré. En appliquant les forces réunies du travail et de l'engrais à la portion conservée en culture, il ne diminuera nullement la production normale en céréales de sa ferme, un hectare convenablement fumé et travaillé valant deux ou trois hectares mal préparés. De la sorte il bénéficie de la portion de semence économisée : bénéfice immense si l'on considère qu'en France la semence emploie chaque année le cinquième environ de la récolte précédente, tandis qu'elle pourrait être réduite au vingtième. A ce premier bénéfice net s'en ajoute un autre : la fraction non cultivée peut être abandonnée à la croissance spontanée des herbes, ou ensemencée de graines fourragères de bonne qualité, et former un pâturage qui, augmentant la dose alimentaire des animaux de la ferme, donnera un revenu direct en lait, laine et viande, un revenu indirect en engrais, et contribuera ainsi à l'accroissement de fertilité de la partie cultivée.

La réforme graduée, convenablement faite, du système essentiellement arable et par suite trop épuisant, et le passage à un régime largement pastoral, par suite améliorant, peuvent seuls tirer l'agriculture du cercle vicieux dans lequel elle tourne en France. Notre agriculture ne peut s'améliorer parce qu'elle manque de capitaux, et elle manque de capitaux parce qu'elle ne s'améliore pas. Cette réforme, aisément praticable, n'exige pas l'augmentation du capital d'exploitation, tandis que les autres améliorations, telles que drainage, irrigations, achats d'engrais, exigent un capital immédiatement disponible et qui consente à s'immobiliser dans la terre.

Cette application du régime pastoral, qui du reste n'est pas inconnue dans les parties de la France où la culture rationnelle a fait le plus de progrès, n'est pas seulement en honneur en Lombardie, elle est aussi fort développée en Angleterre. En réduisant merveilleusement la main-d'œuvre, le régime pastoral y a fait la fortune de l'agriculture nationale, qui est sortie enrichie des épreuves du libre échange. Depuis un siècle, nous avons puisé à pleines mains dans les idées et les mœurs de la société anglaise; mais en économie nous avons feint d'ignorer ses meilleures réformes. En agriculture, nous nous sommes pris, il est vrai, d'enthousiasme pour les races d'animaux domestiques artificiellement créées, sans trop nous inquiéter si une masse abondante de fourrages n'était pas le secret de ces monstrueuses créations, sans nous enquérir non plus par quels moyens les Anglais produisaient économiquement les fourrages. Depuis l'attention a été attirée sur cette culture si simple par l'instructif et intéressant tableau de l'économie rurale en Angleterre, dû à un écrivain qui a su faire jaillir de l'éloquente comparaison des deux cultures plus d'un enseignement précieux pour la France.[1] La prospérité agricole de la Haute-Italie est un exemple non moins instructif que celui de l'Angleterre; elle nous indique la voie où devrait marcher notre pays, en démontrant ce qu'a de productif une combinaison intelligente de la grande et de la petite culture. Je m'explique sur ce fait. Comme chacun le sait, pour qu'un champ rapporte, il lui faut deux choses: le travail

---

1 Voyez à ce sujet, dans la Revue du 1er mars 1833, l'étude de M. L. de Lavergne sur *les Cultures anglaises comparées à celles de la France*.

I. — HAUTE-ITALIE. — IRRIGATIONS, CULTURE PASTORALE.

et l'engrais, et ces deux éléments doivent être dans une juste harmonie. La grande culture opère par l'engrais bien plus que par le travail; la petite culture au contraire, qui ne peut entretenir que peu de bestiaux, qui manque généralement de capitaux, fournit à la terre le travail en plus grande quantité. Cette culture n'est donc fructueuse que sur une terre douée d'une fertilité naturelle assez grande. Elle ne doit pas s'appliquer à la production peu lucrative des céréales, mais à celle qui, exigeant du travail et peu d'engrais, est naturellement de son ressort, à la vigne, aux arbres fruitiers, au jardinage, ce qui implique encore pour elle la proximité d'une ville et un écoulement assuré. Dans ces conditions, la petite culture est sur son domaine; c'est ainsi qu'on la trouve en France dans le rayon des villes, dans quelques cantons privilégiés, dans nos vignobles. Malheureusement elle est aussi fort répandue dans les pays stériles; elle n'est plus alors en harmonie avec le sol; elle n'est qu'une fatale conséquence du manque de capitaux, de l'impuissance et de la misère. Ces terres, qui demandent des engrais plus que du travail, appartiennent de droit à la grande culture, qui s'y établira à mesure que les voies de communication seront ouvertes et les débouchés plus assurés. Cette métamorphose, ou plutôt cette résurrection de la culture dans nos départements pauvres, s'effectuera si lentement, qu'elle sera insensible pour bien des gens; elle s'opérera fatalement, mais à l'avantage, il faut l'espérer, des métayers misérables qui pourront trouver dans le travail industriel une position moins précaire.

II. — ITALIE CENTRALE. — CULTURE INDUSTRIELLE.

Par la direction donnée à son agriculture comme par sa position, la Toscane tient le milieu entre la culture pastorale du nord de l'Italie et la petite culture fruitière du sud. Du reste, en Toscane pas plus qu'en Lombardie, les habitants n'ont le caractère méridional et italien. A voir le blond métayer toscan, chaussé de solides sabots et vêtu de bure bleue, on se croirait en Normandie, dans la vallée d'Auge, et nullement au pied des Apennins. Ce n'est pas là ce Napolitain au bonnet écarlate, au teint bruni, vif de l'œil, agile de la langue, leste de la main, preste du pied, à peine vêtu d'un caleçon de toile. La Toscane est le plus marécageux de tous les états italiens, et, pour cette raison, le plus sujet aux pluies. Il y pleut en moyenne 120 jours par an; c'est seulement 30 jours de moins qu'en Angleterre. C'est l'état qui réclame le plus grand nombre de travaux publics; c'est aussi celui où il s'en exécute le plus, même d'une manière absolue, bien qu'il soit le plus petit. Le grand-duc régnant a pris à cœur l'amélioration de son petit duché avec une persévérance tout allemande et une ardeur tout italienne. Les maremmes ont été saignées par des fosses d'écoulement; les parties basses de la vallée de l'Arno, les marais des environs de Lucques, ne pouvaient plus s'égoutter dans le fleuve, qui a exhaussé son lit par l'apport de galets et de pierres : des canaux ont été creusés pour déverser ces eaux à la mer. Le port de Livourne a été aussi amélioré. Comme beaucoup d'autres ports, après avoir longtemps suffi aux tartanes, aux lougres et aux goélettes, il ne convenait plus aux paquebots et aux navires qui viennent approvisionner cet entrepôt général des grains pour l'Italie. Livourne communique avec l'intérieur par un canal et par un chemin de fer qui se divise à Pise en deux branches, aboutissant toutes deux à Florence, le long de chaque rive de l'Arno. De part et d'autre, elles étendent vers Gênes et vers Rome des bras qui, de longtemps probablement, n'atteindront ces deux villes. La Toscane est en outre sillonnée par des routes bien entretenues. Il règne en un mot dans ce petit état une activité qui fait contraste avec l'aspect des villes, telles que Pise, Sienne, Florence, où le moyen âge vit et respire encore.

Le métayage est en vigueur en Toscane comme dans le reste de l'Italie; le système des baux à ferme n'est guère pratiqué qu'en Lombardie, et encore l'application n'en est-elle pas générale. Le cultivateur italien, peu confiant en son initiative, en son activité, préfère le métayage, qui lui assure, quelle que soit la récolte, toujours une part, ou lui permet de faire appel à la bourse de son maître. Le fermage lui fournirait plus de bénéfices, mais aussi l'exposerait à plus de pertes, comme il le dit dans sa craintive sagesse. Le fermage, qui n'aurait pas du reste dans la petite culture une supériorité bien constatée sur le métayage, est peu praticable en Italie, où les denrées se vendent à vil prix et s'écoulent péniblement. Toutes les fois que les produits se réalisent difficilement dans un pays, le propriétaire et le cultivateur en sont réduits à les partager. C'est une opinion erronée que celle qui attribue au métayage le peu de prospérité de certains pays; le métayage est une conséquence et non une cause du manque d'activité commerciale. Etablissez la consommation dans un pays, facilitez l'écoulement par le chemin de fer, et le métayer, secouant son inerte prudence, se hasardera au fermage.

Une industrie importante en Toscane est celle des chapeaux de paille. Pour obtenir les pailles si fines que l'on connaît, les Toscans emploient leurs terres sablonneuses les plus maigres, en les privant soigneusement de tout engrais. Ils sont parvenus en outre à se créer par sélection un grain de semence rabougri, étiolé, employant à l'appauvrissement artificiel de la nature autant de soins que les Anglais en ont mis à améliorer leurs races d'animaux domestiques. La pointe seule des pailles sert pour les tresses les plus fines; le milieu et le bas sont employés pour les confections ordinaires. Les femmes qui tressent ces pailles ne gagnent que 40 centimes environ par jour. Ce salaire est minime, mais leur travail ne les empêche pas de vaquer aux soins du ménage. Il forme du reste un utile appoint aux salaires des autres membres de la famille. Il y a dans la plupart des habitations de la campagne un métier à tisser le coton, tenu presque toujours par des femmes, qui y emploient leurs moments perdus. Cette réunion sous un même toit d'ouvriers agricoles mixtes est un fait très remarquable. Je ne sais pourquoi l'on se figure en France que cette alliance de la culture et du travail industriel est impossible. Avant la création des moyens rapides et économiques de communication, les ateliers devaient nécessairement se trouver sur le lieu même de la consommation. Encore maintenant, ceux qui s'occupent d'ouvrages vendus au détail et commandés jour par jour ont leur place naturelle dans le centre des villes; mais en est-il de même des fabriques qui opèrent sur les matières premières, de celles qui fondent ou forgent les métaux, qui filent ou tissent les matières textiles? En un mot, les usines se trouveraient, ce semble, dans des conditions économiques bien plus avantageuses à la campagne, loin des villes; elles y rencontreraient un emplacement commode, des facilités pour utiliser la force gratuite des chutes d'eau, des possibilités de loger à bon marché leurs ouvriers, et de les placer dans des conditions hygiéniques aussi favorables à leur santé qu'à leur travail. Le centre de la France, pays vierge pour l'industrie, où les chutes d'eau abondent, où la main-d'œuvre n'est ni rare ni chère, offrira de grandes ressources aux industriels, lorsqu'il y aura des chemins de fer. Espérons pour eux que cet avenir n'est pas trop lointain, espérons surtout que patrons et ouvriers, mieux éclairés sur leurs intérêts, s'uniront pour réagir contre ce funeste mouvement de concentration qui s'opère vers les villes, et pour installer le travail industriel dans les campagnes.

Telle est la culture pastorale en Lombardie et la culture industrielle en Toscane. Dans les États-Romains, les conditions deviennent de plus en plus mauvaises pour le travail agricole. Lorsqu'après avoir visité Rome, l'étranger se rend à Tivoli, à Frascati, à Albano ou à Civita, il retrouve dans la campagne les marques d'abandon et de négligence dont il a été péniblement frappé dans la ville éternelle. A quelques kilomètres des portes finissent les villas, les enclos que l'on nomme vignes, et commencent les pâturages incultes, malsains, qui s'étendent sur chaque rive du Tibre. Le travail de l'homme est accusé seulement par de hautes palissades, qui séparent les diverses propriétés. Ici, sur un terrain trop sec, l'herbe jaunie se fane au soleil; là, des plantes marécageuses aux longs dards croissent dans des eaux stagnantes. La campagne est couverte de troupeaux qui passent l'hiver dans la plaine et l'été dans les montagnes de la Sabine et des Apennins. Ce sont des bœufs aux longues cornes, aux hautes jambes, des buffles noirs qui paissent à moitié plongés dans l'eau des étangs, des chevaux de formes peu élégantes, mais robustes, des moutons chétifs, des chèvres. Le troupeau est gouverné par un berger à cheval qui tient un long bâton à la main, gardien aussi sauvage que ses sauvages bêtes.

L'esprit trouve d'abord un charme secret dans la désolation de cette nature morte, digne cadre de la ville des ruines. Il va même jusqu'à savoir gré à cette campagne de ne pas étaler une activité, une prospérité déplacées, qui le distrairaient des souvenirs pleins de grandeur du passé. Une veuve de tant de gloire doit rester stérile et porter un éternel deuil; mais cette larme accordée à l'antiquité, cette dette payée à une civilisation disparue, le voyageur est bientôt rappelé à des intérêts plus positifs, non pas tant par l'absence d'un bien-être qui est généralement ignoré en Italie que par le spectacle particulier de la pauvreté romaine et de la misère où végète cette population clairsemée. C'est que le climat si vanté de l'Italie n'en a pas moins ses dangers en certaines parties où les eaux restent croupissantes après les grandes crues, où le sol dépouillé de ses arbres ne tempère plus les variations de l'atmosphère. Des nuits d'une fraicheur mortelle succèdent à des journées brûlantes, engendrent des fièvres qui déciment la population et la tuent lentement après avoir abattu toutes ses forces physiques et morales.[1] Alors les inutiles retours vers le passé se changent en pitié profonde pour le présent. On se demande comment dans ce beau pays l'homme peut être si misérable. Si la faute première en est à l'inertie et à l'incurie des habitants, il faut tenir compte aussi de la négligence que le gouvernement romain apporte aux travaux publics. Cependant ce pays pourrait, avec quelques capitaux, avec des propriétaires plus soigneux, des cultivateurs plus laborieux, redevenir salubre et fertile.

Les propriétés constituent en général des bénéfices d'abbés, des majorats de princes, ou des domaines que les banquiers enrichis achètent pour en prendre le titre. Beaucoup de ces propriétés sont fort étendues, et comprennent des villages, de petites villes même; elles sont néanmoins divisées en lots et soumises à la petite culture. Les pacages sont loués à des *pâtres* nomades, les terres aux habitants des villages, les bois à cette fameuse corporation des *charbonniers* romains, qui de leurs forêts allumèrent le feu de plus d'une insurrection, et dont le nom était devenu sous la restauration le mot de ralliement des sociétés secrètes. Le produit de ces domaines est si chétif et trouve si peu d'écoulement, qu'il peut à peine fournir aux princes romains un revenu digne de leur rang. Les troupeaux, qui devraient être une source de richesses, deviennent improductifs dans un pays où il n'existe ni foires ni marchés. Le pâtre en est réduit à se nourrir de laitage, à se vêtir de la peau de ses chèvres. Du reste, les races d'animaux domestiques ne furent jamais améliorées, elles ont plutôt dégénéré. Dans ces conditions commerciales, avec l'épuisement de la terre et l'indolence des habitants, nul pays n'est plus contraire à la petite culture que le versant occidental des États-Romains. Je ne parle pas ici des légations de l'Adriatique, que je n'ai pas visitées, et que l'on dit industrieusement cultivées. Puisque la petite culture ne réussit pas, il faudrait y faire l'essai de la grande, car on ne peut en un jour changer la nature d'un terrain, ni modifier en une

---

[1] Ces influences, connues sous le nom de *mauvais air, mal'aria*, sont si dangereuses en certains lieux, que pour les combattre et leur résister les fonctionnaires publics romains reçoivent un son de supplément par jour.

génération le caractère d'une population. Or, pour faire l'essai de la grande culture, en l'absence de fermiers riches, intelligents, pleins d'initiative, il faudrait que les propriétaires missent eux-mêmes la main à l'œuvre.

Il y avait jadis en France un vieux dicton sur la noblesse; tout gentilhomme, disait-on, ne peut faire que trois métiers : il ne peut être que soldat, évêque ou laboureur. On pourrait en dire autant des nobles italiens, et comme il faut laisser la gloire des armes aux Suisses, les bénéfices des évêchés aux cadets, reste la charrue pour les aînés. Qu'ils la saisissent donc, qu'ils se fixent sur leurs terres, pour leur propre bien, pour celui de leurs domaines et de leurs colons; qu'ils abandonnent la ville, où ils n'ont ni rôle politique à remplir, ni affaires commerciales à diriger. Quelques princes romains s'occupent activement, il est vrai, de l'amélioration de leurs terres, mais ils ne le font peut-être pas suivant la méthode la plus rationnelle et la plus judicieuse. Dans les États-Romains, où l'écoulement des denrées par la consommation locale sera toujours très faible, où il ne faut pas compter sur l'aide et le travail des habitants, l'agriculture doit s'attacher à des produits recherchés au loin, facilement transportables et n'exigeant pas une main-d'œuvre active ou intelligente; elle doit produire de la laine et de la viande. La première surtout est d'un débit assuré, vu le prix élevé qui oblige les fabriques européennes à faire des achats en Australie. Les Anglais appliquent chez eux et dans leurs colonies cette agriculture pastorale, avec la différence que chez eux la viande est regardée comme le produit principal, tandis que toute l'importance est donnée à la laine dans leurs colonies, où, faute de population, la viande n'a que peu de valeur. C'est encore le mode d'agriculture qui convient naturellement à l'Algérie, où les colons s'efforcent d'acclimater les plantes industrielles, sans réfléchir que d'abord, dans un pays où la main-d'œuvre est rare et chère, cette coûteuse culture peut, avec des intempéries, devenir ruineuse; qu'en second lieu, faute de pouvoir se procurer des masses suffisantes d'engrais, ils finiront par épuiser la fertilité naturelle amassée dans un repos séculaire. Des faits analogues se sont déjà produits. La Caroline et la Géorgie abondent actuellement en plantations délaissées après un épuisement radical amené en moins d'un siècle par la culture continue du tabac et du coton. Les planteurs, désertant leurs fermes, se sont portés plus avant dans les forêts. Nos colons, il faut l'espérer, comprendront qu'avant tout il faut une culture améliorante et lucrative à la fois, qu'il peut être flatteur pour un pays de se suffire à lui-même, de produire toutes les matières premières dont il a besoin, mais à la condition que cette production ne se substituera pas à celles dont le rapport pourrait être plus élevé. Dans le cas contraire, le patriotisme devient aussi funeste qu'il est ridiculement déplacé.

C'est aussi ce que devraient comprendre les propriétaires romains, qui s'appliquent à tort à la fabrication du sucre, à la culture du tabac et des plantes industrielles; certes ils arriveront ainsi à récolter du sucre indigène, mais il leur coûtera 2 francs le kilo, tandis que le produit étranger leur est livré à 1 franc 50 centimes, et leur sucre sera de moins bonne qualité que celui de l'importation. Ils déviaient établir d'abord sur leurs terres un troupeau de mérinos; à mesure que ce noyau se multiplierait et s'accroîtrait, le domaine s'améliorerait autour de son centre. Ces améliorations auraient un double but : dessécher les parties trop humides, en renvoyer les eaux à la mer, ou en profiter pour arroser des terrains trop secs; utiliser surtout ces torrents qui, après chaque pluie, causent en descendant des Apennins de ruineuses inondations; il faudrait retenir leurs eaux en partie dans des réservoirs, puis les distribuer en temps de sécheresse. L'Anio lui-même, qui forme à Tivoli ces ravissantes cascades, pourrait après sa chute arroser des milliers d'hectares. On arriverait ainsi à assainir la campagne des environs de Rome, à rendre l'agriculture prospère; la population rurale, excitée au travail, ferait enfin connaissance avec le bien-être, et l'accroissement de leurs revenus dédommagerait largement les propriétaires des avances faites en capitaux.

Pour se rendre de Rome à Naples, il faut traverser les Marais-Pontins. Cette partie des états du Saint-Siège mérite quelques détails. Les marais bordent les Apennins sur une longueur de 42 kilomètres environ; ils s'appuient au nord sur les montagnes de la Sabine. Lentement formés au sein de la mer, au-dessus de laquelle leur niveau général s'élève à peine d'un mètre ou deux, ils doivent leur création aux matières terreuses, aux graviers charriés par les torrents qui descendent des Apennins, et aux sables rejetés par la mer. L'exhaussement de ces marais au-dessus des eaux provient aussi d'une autre cause : les végétaux vivaces croissent admirablement dans ce sol chaud, humide, riche en principes alcalins; leur décomposition égale en rapidité leur croissance; leurs détritus ont formé des couches épaisses de tourbe, qui, desséchées, sont souvent exposées en été à des combustions spontanées qui exercent de grands ravages. Ces terrains tourbeux sont d'une telle fécondité que partout l'homme les a occupés avec empressement, et même avec témérité. En Hollande, en Angleterre, comme en Italie, comme en Amérique, il s'est établi dans ces terrains insalubres, plongé dans la vase jusqu'à mi-jambe, privé de sources potables, noyé dans les eaux saumâtres; niais ici se reconnaît la différence des industries humaines: tandis que les Hollandais sont parvenus, même avant la vapeur, avec la force variable et capricieuse du vent, à dessécher leurs étangs, partout inférieurs au niveau de la mer; tandis que cet ennemi, dompté et transformé en un docile allié, transportait leurs navires vers leurs florissantes colonies, les Italiens, placés dans de bien meilleures conditions, mais inertes, apathiques, insouciants comme des enfants gâtés par la nature, n'ont jamais pu assainir décemment ni bonifier un sol partout élevé au-dessus des eaux. La voie tracée par le censeur Appius Claudius atteste que les Romains de la république s'étaient occupés du dessèchement des Marais-Pontins, du moins dans la partie supérieure; car, arrivée au point nommé *tertre Ponti*, la voie Appia quittait le sol de moins en moins ferme des marais, se détournait vers le contre-fort des Apennins, et en suivait les accidents jusqu'à Terracine. Pie VI (il faut arriver jusqu'en 1775 pour trouver un pape s'occupant de la salubrité des Marais-Pontins) compléta la direction rectiligne de la voie en lui faisant suivre la rive droite de son canal de dessèchement. La voie Appia, continuée actuellement par la voie Pia, est une belle avenue de 40 kilomètres de parcours, plantée dans toute sa longueur d'une double rangée d'ormes superbes, bordée çà et Là de fermes que les habitants, dès que la moisson est faite, désertent jusqu'aux semailles. Ce qui n'est pas un petit sujet d'étonnement, c'est de rencontrer des guérites de cantonnier, des écuries de poste d'un caractère monumental, décorées surtout de splendides plaques de marbre destinées à porter, dans un latin équivoque, les noms des bienfaiteurs des marais jusqu'à la postérité la plus éloignée. Il faut avoir été dans les états du Saint-Siège pour se faire une idée du nombre, de l'abus de ces plaques de marbre en tous lieux, en toutes occasions. C'est une tradition des consuls et des tribuns. En regardant de bien près dans les goûts, les mœurs, dans la pratique du culte au temps actuel, combien ne trouve-t-on pas d'inspirations romaines? A propos de ces plaques commémoratives, un pape, dans les temps les plus récents, a fait apposer aux loges du Vatican un tardif vitrage pour protéger les fresques de Raphaël, qui, quelques années plus tard, eussent été dans un état à se passer de toute protection; eh bien ! il a dû se conformer aux usages, et de majestueuses lettres dorées apprennent quelle est la sainteté à la munificence de qui sont dues les vitres. Je dois à la vérité de dire que la légende n'ajoute pas, en façon de post-scriptum : « Qui cassera paiera. »

Les dessèchements, dirigés sous Pie VI par l'ingénieur Rapini, peuvent se ramener à deux opérations distinctes. On a écarté d'abord par des canaux d'enceinte les eaux extérieures apportées par les torrents. On a ensuite pratiqué, suivant l'axe naturel d'écoulement du marais ainsi isolé, un canal d'une section telle que les eaux de pluie et de sources qu'il est destiné à emmener ne dépassent jamais le niveau de ses rives, et se tiennent même à 50 centimètres au moins en dessous, afin de recevoir les saignées transversales. Rapini se rapprocha autant qu'il lui fut possible de cette conception générale, plus facile à énoncer du reste que commode à exécuter; mais son énergie et sa persévérance eurent à combattre des obstacles de toute sorte : embarras administratifs, pénurie du trésor, résistance des riverains, indolence des ouvriers, fièvres, inondations. Ses canaux, assez mal creusés, ne tardèrent pas à se détériorer complètement par la négligence des propriétaires riverains. En 1810, une commission d'ingénieurs fut enfin chargée de dresser un plan général des améliorations à exécuter dans les États-Romains; Prony eut à s'occuper de la partie marécageuse du département du Tibre. Il fit des études; mais au moment où il terminait son projet, l'empire s'écroulait. Tous les travaux projetés ou entrepris en Italie furent naturellement abandonnés, et ce pays revint à son antique constitution, partant à son apathie et à son impuissance.

De retour à Paris, Prony n'en réunit pas moins ses études dans un intéressant mémoire qu'il termina par la proposition, sinon de restaurer le vieux port romain de Terracine, complètement ensablé aujourd'hui, du moins de creuser entre cette ville et l'émissaire des canaux de dessèchement, à Torre-Badino, un canal capable, par sa profondeur et son étendue, de recevoir les navires caboteurs en chargement ou en relâche. De Civita à Gaëte en effet, le long de cette côte battue par les vents, les navires manquent complètement d'abri, car on ne peut compter pour tel Porto-d'Anzio. Et cependant, outre cet ancien port, les Romains en avaient fondé plusieurs autres, Terracine, Astura, Ostie, qui tous ont été ensablés par les atterrissements de la côte. L'essentiel, avant d'ouvrir un port, serait donc de bien observer dans quelles conditions s'opèrent ces ensablements. Ce qui est certain, c'est que le fond des baies a été soumis à un ensablement plus actif que les parties saillantes; c'est de plus que les ports si puissamment comblés étaient tous ouverts à l'est : double fait qui prouve que sur ces plages un port doit être rapproché le plus possible d'un cap, et fermé à l'est pour s'ouvrir sur l'ouest. Or le cap Circé est sous ce rapport dans d'excellentes conditions. A son pied même, il y a un tirant d'eau suffisant pour les navires de grand tonnage, et tout autour de ce cap la plage sous-marine s'abaisse par une pente fort rapide. Cette profondeur garantit donc, même pour l'avenir le plus reculé, les abords du cap de tout atterrissement. Au pied de la tour Paola, vers l'ouest, se trouve un petit lac transformé en pêcherie, séparé de la mer par une centaine de mètres, environ. On pourrait draguer en partie ce lac, le mettre en communication avec la mer par un chenal ouvert convenablement à l'ouest. Le bassin intérieur serait protégé par le mont Circé, par les dunes de sables, que l'on pourrait planter d'arbres, et par les terres intérieures. Le chenal, abrité des vents et presque porté en pleine mer, serait facilement accessible aux navires à voiles, pour lesquels il est souvent ou impossible ou imprudent de pénétrer jusqu'au fond d'une baie afin d'y trouver un bassin de refuge.

III. — ITALIE MÉRIDIONALE. — CULTURE FRUITIÈRE. — MACHINES AGRICOLES.

La campagne napolitaine est de toutes la moins agréable à visiter : il faut s'engager dans des chemins poudreux, entre d'interminables murailles qui emprisonnent la vue aussi bien que le corps. Sans quelques citronniers qui çà et là jettent par-dessus la muraille une branche chargée de fleurs, cette marche serait fort peu récréative, forcé que l'on est dans ces chemins étroits de se garer à chaque instant des voitures.

Les Italiens du sud sont remarquables par le soin avec lequel ils recueillent l'eau des pluies dans les citernes. En outre, presque tous les jardins des environs de Naples possèdent des *norias*; ces machines à élever l'eau, bien connues dans le midi de la France, sont mues par un bœuf ou un mulet. La construction en est d'une simplicité remarquable. Le mouvement de l'axe du manège est transmis à celui du tambour par une roue dentée engrenant dans une lanterne. Autour du tambour s'enroule un chapelet de seaux en bois qui descend jusqu'au fond du puits. Ces machines, fort peu coûteuses, durent longtemps et donnent de bons résultats.

On ne saurait trop apprécier en agriculture les instruments simples et peu coûteux. Les machines trop soigneusement montées, celles surtout dans lesquelles le perfectionnement ne s'obtient que par la complication des organes, sont d'un prix élevé et d'un entretien trop difficile pour la généralité des agriculteurs. Dès que cet entretien leur manque, dès qu'une surveillance active et intelligente surtout leur fait défaut, elles se détériorent rapidement, et le rendement tombe alors bien au-dessous de celui que donnent les machines beaucoup moins compliquées. Aussi doit-on recommander l'emploi de certains instruments agricoles qui à la simplicité de construction joignent une solidité et un bon marché que l'on ne trouve même pas dans les machines plus grossières. Toutefois les machines qui rachètent leur prix élevé et leur complication par une grande puissance et une grande rapidité ne sont nullement à rejeter de la culture. Je citerai les machines à battre le grain mues par la vapeur, en les supposant placées toutefois entre les mains d'entrepreneurs qui les louent, les manœuvrent et les soignent eux-mêmes. Dans de telles conditions, la petite culture peut en user aussi bien que la grande. C'est de la sorte que la charrue à vapeur, lorsqu'elle sera trouvée, pourra faire participer tout le monde aux bénéfices de temps et d'argent qu'elle sera en mesure de procurer.

La partie la plus fertile de la campagne napolitaine est celle qui s'étend au pied du Vésuve, sur des laves à peine effritées, sur des cendres volcaniques qui remontent seulement à quelques années. Un tel sol convient parfaitement à certains arbres fruitiers, à la vigne, dont les racines tracent aisément dans ce terrain poreux; mais il le faut arroser abondamment. Les puits d'arrosage sont remarquables par les coulées de lave fort épaisses qu'il a fallu traverser pour atteindre la nappe d'eau. Ces cuirasses impénétrables, superposées en plusieurs assises, ne s'étendent pas heureusement d'une façon continue, et les nombreuses fentes qui les sillonnent peuvent laisser couler les eaux de pluie, qui se chargent, en les traversant, de sels alcalins capables d'activer prodigieusement la végétation. Cependant la pratique de l'arrosage n'est pas aussi répandue en Campanie qu'elle devrait l'être. On y supplée en plantant les champs de peupliers et d'ormeaux, à l'ombre desquels les récoltes peuvent se développer sans être desséchées par le soleil. Ces arbres supportent encore de la vigne qui va s'entrelaçant d'une branche à l'autre. Un tel système, qui permet sur le même sol de récolter des grains, des fruits, des raisins et du bois, paraît fort ingénieux au premier abord : les habitants, qui en sont enchantés, le vantent beaucoup; mais la culture de la terre ressemble fort, en cela du moins, à celle de l'esprit : la variété ne s'obtient qu'au détriment de la qualité et surtout de la quantité. Sous cette ombre, le raisin vient et mûrit mal, les céréales restent chétives et sont souvent attaquées par la carie. Si la terre était soumise à une culture découverte, mais arrosée, les produits en légumes et en grain seraient bien autrement abondants, et les plantes nourricières ne seraient pas épuisées ou étouffées par les herbes parasites, surtout par le chiendent, qui croît vigoureusement à l'ombre. Les racines de ce dernier végétal sont du reste fort recherchées pour la nourriture des chevaux. A certaines heures, on voit à Naples les cochers des voitures de place débrider leurs chevaux et leur présenter, avec du chiendent, des feuilles de laitue ou de chou, sauf à leur en dérober de temps à autre quelques-unes pour eux-mêmes, surtout les plus blanches. Nourris de chiendent, de laitues, de croûtes de concombre et de peaux de melon, avec quelques poignées d'avoine ou d'orge par accident, ces petits chevaux de Calabre sont d'une ardeur sans pareille.

La petite culture règne en maîtresse sur la côte occidentale du royaume de Naples. Ce pays lui convient par excellence. La population des villes y abonde, et cette population se nourrit exclusivement de fruits et de légumes. De tels produits, qui exigent sous ce climat peu d'engrais et beaucoup d'arrosage, veulent en outre une surveillance, un travail, des soins qui nécessitent la division de la terre. Il serait à désirer que partout la terre fût aussi fertile, la population aussi frugale : partout alors la terre pourrait être morcelée, appelant ainsi une quantité plus considérable des habitants à jouir de ses produits; mais il en est autrement. Les nécessités du climat, l'accumulation de la population, veulent que les animaux concourent à noire alimentation, et la petite culture dans cette production est inférieure à la grande. En second lieu, les terrains d'une fertilité inépuisable sont l'exception; les terrains médiocrement fertiles, qui ne font en quelque sorte que favoriser la germination, qui ne sont que les témoins indispensables, mais peu actifs, de la mutation de l'engrais en récolte, forment l'immense majorité, et ces terrains ne sont plus en harmonie avec la petite culture. Lorsqu'elle persiste dans ces conditions, c'est qu'elle est une conséquence fatale de la misère de la population, de la pauvreté excessive du sol, du manque de capitaux et d'intelligence : c'est ce qui a lieu dans les provinces intérieures du royaume de Naples. Il est dans ces provinces beaucoup de terres que l'on cultive en céréales, et qui cependant conviendraient admirablement à la vigne. Cela tient à ce que, faute d'écoulement, le vin se vend à vil prix, tandis que la récolte des céréales y peut suffire à peine à la consommation. De son côté, le nord de l'Italie cultive la vigne pour n'obtenir cependant, sur ce sol humide, qu'un vin faible, se conservant peu, privé de toutes les qualités généreuses des vins du midi, et l'on consacre à cette culture un terrain apte et favorable soit aux fourrages, soit aux céréales. De part et d'autre, la terre produit donc non selon ses convenances, mais selon les besoins de l'homme auxquels elle doit subvenir et suffire. Un tel état de choses était autrefois en Italie, comme du reste dans tous les pays, la conséquence funeste des difficultés de transactions et de transport, du manque de sûreté, partant de l'absence de tout commerce actif; mais, de nos jours, les difficultés de transport ont été bien diminuées, les lenteurs, les risques mêmes de la navigation ont été bien atténués par la vapeur, qui permet de surmonter les vents contraires. Tout semble engager la terre à choisir désormais ce qui lui convient le mieux, à produire selon sa vocation, car les terres ont une vocation plus irrésistible même que celle des hommes. Tout semble aussi inviter l'homme à faire un usage plus rationnel de ses forces. Malheureusement, par une pondération inintelligente, après avoir supprimé d'une main les obstacles naturels, de l'autre il se hâte d'en rétablir d'artificiels. Ici il défend l'importation de certaines denrées, là il s'oppose à l'exportation d'autres produits. Aujourd'hui il les taxe pour les dégrever le lendemain, faisant ainsi succéder une série de mesures variables et contraires qui inquiètent le commerce, refoulent les capitaux, intimident l'initiative. L'Italie est vraiment le pays des déceptions. Les rêves les plus brillants de la jeunesse, les fictions poétiques les plus chères s'évanouissent devant l'impitoyable réalité. Si les beautés naturelles de la campagne italienne, vantées dans les *Eglogues* et les *Géorgiques*, sont restées aussi fraîches; si les charmes de Tivoli, chantés par Horace, sont encore aussi ravissants, il n'en est pas de même des lieux peuplés de divinités par Virgile et Ovide, — l'Olympe, les Enfers, les Champs-Elysées. Dieux et déesses, oracles et pythonisses, qu'êtes-vous devenus? Faut-il le dire? On pêche des huîtres dans l'Averne, le Styx fait tourner un moulin à farine. Enfin la Sicile vous attend pour donner le dernier coup à vos illusions, une à une dispersées. La patrie de Cérès, les lieux où elle initia l'homme à l'art divin de cultiver la terre sont bien déchus de leur antique fertilité.

Autour des grandes villes, telles que Palerme, Messine, Syracuse, se trouvent quelques gorges richement cultivées, où l'oranger et le citronnier produisent des fruits en abondance; mais l'intérieur de l'île est inculte, dépeuplé, abandonné à la vaine pâture de troupeaux misérables. Seuls, quelques vignobles, ceux de Syracuse et de Marsala entr'autres, produisent des vins secs ou liquoreux qui ont de réelles qualités, altérées le plus souvent par l'addition d'alcool. Ces vignobles ont souffert de la maladie qui a exercé en France de si cruels ravages. Heureusement l'emploi du soufre réitéré et à haute dose semble avoir donné à la vigne une vigueur et une fertilité toutes nouvelles. L'efficacité du soufre était depuis longtemps connue en France qu'elle n'avait pas encore été signalée en Sicile, où le remède se trouve à côté du mal. C'est que les journaux, les publications françaises n'arrivent que difficilement dans le royaume des Deux-Siciles. Le cordon sanitaire dont on

III.—ITALIE MÉRIDIONALE.—CULTURE FRUITIÈRE.—MACHINES AGRICOLES.

semble entourer cet état pour lui couper toutes communications intellectuelles n'a probablement jamais arrêté la propagande pernicieuse; en revanche il s'oppose singulièrement aux progrès et à la prospérité de la population. Si cette découverte eût tardé seulement d'une année à être connue dans les provinces vignobles, surtout aux îles Lipari, qui se livrent exclusivement à la culture de la vigne, la misère la plus affreuse désolait ces pays, qui, grâce au soufre, ont obtenu des revenus inespérés.

A l'époque où je visitais la Sicile, une exposition de l'industrie avait lieu à Palerme. Il est intéressant de voir comment on interprète ces institutions suivant les pays. En France, il serait fort difficile de se faire une idée exacte de notre état agricole par ces expositions : l'agriculture y montre en général moins ce qu'elle est que ce qu'elle voudrait être; elle se préoccupe peu de ce qu'elle a de bon, de recommandable et d'ancien, et beaucoup de ce qui est nouveau et coûteux. A ce point de vue, les expositions suivent chez nous je ne sais quels errements fâcheux, et l'Italie se modèle sur la France. L'outil qui forme à lui seul tout le matériel agricole du sud de l'Italie et de la Sicile ne figurait même pas à l'exposition de Palerme. C'est une petite houe, large à peine comme la main, avec laquelle on pioche et on défonce la terre, on recouvre les semences et on les sarcle, on chausse les arbres, on travaille la vigne. Il faut le dire, cet instrument est fort convenable pour les jardins et pour les terres qui, trop en pente ou couvertes d'oliviers, sont inabordables à la charrue; néanmoins celle-ci est employée parfois, si on peut donner ce nom à un crochet de bois dont le bec déchire le sol, tandis que l'autre bras forme une flèche qui va s'atteler au joug des bœufs. Cette charrue gratte l'Italie depuis quarante siècles au moins, sans que l'on ait songé à y faire le moindre changement par respect sans doute pour Triptolème, qui l'inventa. Elle est aussi employée dans quelques parties de la France; mais comme chez nous le culte des traditions n'existe plus guère, on s'est permis d'ajouter en forme de versoir deux chevilles de bois des deux côtés du crochet. Certes, cet instrument grossier ne vaut ni une charrue Dombasle, ni un extirpateur, mais les pays qui ne peuvent entretenir que des bêtes de trait excessivement faibles, des vaches, des ânes, ou des mulets chétifs, sont réduits à employer la charrue primitive, à l'exclusion des autres instruments plus puissants, mais plus lourds. Du reste, dans le nord de l'Italie, où la terre est plus humide et plus forte, où les animaux de travail sont plus robustes, on a déjà adopté les meilleurs types de charrue.

L'exposition de Palerme se composait d'instruments étrangers importés d'Angleterre, et encore des instruments les plus lourds, les plus compliqués, les plus chers qu'on ait jamais inventés au-delà du détroit. Il y avait des rouleaux en fonte Croskill pour des terrains qui, sous l'action de sécheresses presque continues, se pulvérisent à l'état de cendres. Il y avait des moissonneuses de Mac-Cormik pour un pays où les champs, judicieusement plantés d'oliviers, en rendent l'emploi impossible; il y avait des faneuses de Smith, dont la Sicile a besoin comme un gueux de coffre-fort. Il y avait, que sais-je? de la fonte, de l'acier, du fer. Pourtant, sans ce métallique et ruineux appareil, on peut en Italie récolter des oranges, des citrons, des figues, des raisins; on peut faire du vin, de l'huile; on peut obtenir des fourrages, produire du lait, des fromages, de la laine et de la viande, faire en un mot une agriculture lucrative. Le jugement, cette faculté nécessaire en toutes choses, est surtout indispensable en agriculture. Un cultivateur peut bien se passer d'esprit, ce qui cependant ne gâterait rien à l'affaire, mais il doit au moins avoir le sens commun, qualité qui de nos jours est devenue bien plus rare que le génie. Et puisque l'Italie, elle aussi, est prise par cette ardeur des innovations et des importations, puisqu'elle veut du nouveau, eh bien ! au lieu de tant de ferraille, elle devrait importer un simple tube en fer-blanc, terminé à angle droit par deux fioles en verre, en un mot le niveau d'eau, qui permet de donner aux rigoles d'irrigation une pente convenable. Du reste, ce petit instrument est si simple, si peu coûteux, que je ne l'ai vu dans aucun pays figurer à une exposition agricole.

En résumé, l'Italie ne peut subvenir à la consommation en grains d'une population en général assez faible, et le déficit tient à l'agglomération de la population dans les villes. Cette agglomération, qui serait de bon augure pour la prospérité du pays, si la population était appelée dans ces centres par un travail industriel productif, est un fâcheux indice du peu d'activité de la classe moyenne, qui s'abstient de tout travail dès qu'elle possède le revenu le plus médiocre. Ce déficit tient encore non point à l'insuffisance des terres arables, mais à celle des engrais que ces terres reçoivent. Ce manque de principes fertilisants provient lui-même du nombre trop restreint d'animaux domestiques, restriction amenée par la pénurie des fourrages. Voilà surtout la source du mal. *Pascere, semper pascere*, ce mot d'un vieux Romain résumera toujours tout ce qu'on pourra dire et écrire sur l'économie rurale.

Si les Italiens se préoccupent peu des progrès agricoles, c'est qu'ils ont une mine inépuisable de richesse dans les nombreux étrangers qui visitent chaque année leur pays. Depuis longtemps, avec l'or marqué au coin de France, d'Angleterre et de Russie, ils auraient dû changer leur cuivre en argent. La Suisse, cette seconde terre classique du *tourisme*, s'est élevée à une prospérité générale qui a partout introduit l'aisance, le bien-être, la propreté, un luxe plein d'élégance. Les Italiens se trouveraient plongés peu à peu dans une misère profonde, si le goût des voyages pouvait porter ailleurs les gens désœuvrés et riches, les malades, les artistes. Ils doivent donc rendre surtout grâces à leur climat et à leurs sublimes artistes, qui n'ont pas seulement honoré l'Italie de leur génie, mais qui, par leurs toiles et leurs marbres, ont fait autant pour la richesse de leur pays que Watt pour l'Angleterre et Jacquard pour la France. Ne vaudrait-il pas mieux cependant faire reposer la prospérité nationale un peu moins sur les gloires du passé, un peu plus sur les efforts du présent ? C'est une question que provoque naturellement l'état de l'agriculture en Italie, et un jour viendra, il faut l'espérer, où l'on s'occupera sérieusement de la résoudre.

www.ingramcontent.com/pod-product-compliance
Lightning Source LLC
Chambersburg PA
CBHW050251230526
45470CB00005B/2207